LLANTO DE INVIERNO

Jesús Armando Peña Coral
(Chucho Peña)

San Juan de Pasto Nariño Colombia sur America
2015

Jesús Armando Peña Coral (Chucho Peña)
Autor

ARTURO PRADO LIMA
PRÓLOGO

Luz Elida Vera Hernández
Corrección de Estilo

Primera edición agosto de 2015
Diseño de caratula: Chucho Peña
Correo de contacto: chuchotarqui@yahoo.es
ISBN: 978-958-46-8338-0

Editorial: AMAZON
San Juan de Pasto, Nariño, Colombia

CONTENIDO

Ojos de guerra.---- 10
Todo se perdió---- 12
Palabra-------------- 14
Sin título------------ 16
Cruzada por la paz-18
Ellos----------------- 20
En la guerra-------- 22
Mujer---------------- 24
Sin título------------ 26
Sin título------------ 28
Sin título------------ 30
Sin título------------ 32
Mujer---------------- 34
Avidez-------------- 36
Los pacificadores 38
Quimera------------- 40
Origen-------------- 42
Falsos positivos-- 44
Gamas-------------- 46
Fantasmas-------- 48
Bronca-------------- 50
Abuelo-------------- 52
Sin titulo------------ 54
Trinchera----------- 56
Trasegar------------ 58
La paz-------------- 60
La guerra---------- 62
Fosa----------------- 64
Llanto-------------- 66
Enconos------------ 68
Llanto del cielo---- 70

Ausente---------- 72
Ruptura-------------74
Sin título------------76
Grito-----------------78
América-------------80
Muerte de----------82
Chávez--------------84
Bastardos----------86
Ritual murto------- 88
Sueño----------- 90
Parca------------- 92
E ver acosta------ 94
Erik hurtado------ 96
Juego-------------- 98
En la celda------- 100
Después la visita 102
Dentición--------- 104
Sin título --------- 106
Sin título --------- 108
Sin títulos ---------110
Sin título---------- 112
Sin título --------- 114
Reseña autor ----116

PROLOGO

¿Qué clase de poesía es esa que no salva a los pueblos y a las naciones?, se preguntaba el poeta polaco Czoslab Milosz, y se rebelaba contra aquellos poetas que escribían una trama de falsedades oficiales, una cancioncilla de borrachos que pronto cortaran la cabeza. Y yo me pregunto ahora, leyendo el poemario de poeta nariñense Chucho Peña titulado LLANTO DE INVIERNO, si servirán, esto, y la poesía en general, para abrir el camino hacia la paz en un país con medio siglo de guerra sobre sus espaldas y casi medio millón de muertos. De lo que si estoy seguro es que quienes confían en el arte y lo lanzan a la vanguardia para abrir cercos militares y derribar barricadas materiales e ideológicas, o despejar caminos por donde los guerreros puedan volver a casa, están en su derecho y, quizá, ese sea su deber.

"La guerra es un monstruo y pisa fuerte", gritaba Mercedes Sosa parapetada detrás de su canción contra una guerra creada por los hombres para dar salida a sus más hondas emociones: codicia, dominio, poder, venganza, imposiciones religiosas, y claro que sí, también por compasión y por amor. De toda esta maraña de emociones surgen las diferentes visiones sobre las guerras justas o injustas, de opresión o liberación. Pero guerras al fin y al cabo, genocidio de culturas enteras al amparo de una pretendida justicia universal que sirve de telón de fondo para ocupar pueblos y naciones enteras.

Todo esto con un denominador común: el exterminio del otro a través de las armas. La violencia se impone como única forma de liberación de las emociones humanas.

En "El Arte de la Guerra", Sun Tzu, el victorioso general chino del siglo VI a. de C. habla de otra forma superior de guerra, quizá uno de los momentos en que más la poesía se acerca a la guerra: "los buenos generales son aquellos de ganan las batallas sin disparó un tiro". Sí, el sueño de todos los poetas de todos los tiempos. Nos habla el general de una estrategia inteligente que prevé las consecuencias de una batalla, o de una guerra, y se anticipa a dar respuestas a esas consecuencias. En este campo, la poesía ha sido y será un fusil o una bandera blanca, pero nunca el nudo de la contienda.

Sin embargo, la guerra que vive, que contempla, que sufre Chucho Peña, no es la guerra sosegada e inteligente de la cual nos habla el genio militar chino. La guerra que el poeta nariñense plasma en su poemario es una, ¿O todas?, de las 32 guerras civiles que emprendió el coronel Aureliano Buendía, muchas de las cuales las sabía perdidas antes de emprenderlas.

Como Walt Whitman, Chucho Peña en LLANTO DE INVIERNO se sirve de un lenguaje, en el fondo contradictorio, por el mismo hecho que se muere por la vida, se encarcela por la libertad y se pelea por la paz, sólo que Chucho pone en boca de la guerra un lenguaje sin palabras reinando en pueblos donde no hay búhos que hagan de centinelas para alertar a los vivientes que en el horizonte cercano se está regocijando la muerte : "...el cielo llora en silencio/ por el soldado que agoniza en la guerra por nada". Y como en Wal Whitman, estos poemas son capaces de abarcar todas las contradicciones, simplemente porque en ellos caben todos los antagonismos de las emociones humanas. El resultado: palomas blancas picoteando la sangre de los muertos, niños henchidos de dudas, madres como magdalenas buscando a sus hijos devorados ya por el monstruo de la guerra.

La morada del poeta es, entonces, ese lugar vacío, donde, venciendo el tedio de la incertidumbre y el miedo, lo impulsa a entrar al campo de batalla armado hasta los dientes de poemas. Es, una vez más, la táctica del poeta nariñense de no dejarse achicar los ojos no espantarse del espectáculo diario de la tortura, el degüello, el asesinato a mansalva, los falsos positivos, las masacres y las persecuciones.

Escribir poemas es, ni más ni menos, una forma de desminar el camino para abrirle paso a la memoria colectiva que reclama paz para su vida, pero al mismo tiempo minar los caminos por donde transita la guerra. Sólo de esta manera la tristeza dejará de vagabundear desnuda en los surcos vacíos esparcidos por el llanto. Lo que no logrará evitar, a pesar, a pesar de los pesares, que los difuntos nuestra historia vuelvan a transitar por esos mismos caminos y vuelvan, además, a conjugarse en todos los tiempos. ¿Una estrategia para evitar el olvido? Posiblemente. Porque la memoria humana necesita recordar a sus prisioneros, aquellos que luchando por sus vidas se encuentran ahora acompañados de una libertad sonámbula que como fiera herida, permanece amarrada a la memoria.

Pero LLANTO DE INVIERNO, de Chucho Peña no es solamente resistencia. También es propuesta y esperanza. También en ella hay dioses bajo cuyo manto crecen héroes de carne y hueso que empuñan las armas de una guerra justa: "Una tarde empezaron a subir a la montaña...y empezamos a descubrir la libertad y a cultivar nuestra propia revolución...? grita el poeta. Porque, aunque la guerra tiene lengua de fuego, alarido de murciélago, ojos de ciego amanecer, hay que asumir la defensa del humillado aunque esto signifique asumir la tragedia como forma de vida mientras llega la liberación.

Chucho Peña tampoco olvida que esta es una guerra enjaulada en el corazón de la muerte, de allí estos poemas cargados de soledad, pero de una soledad activa que suele acompañar a los guerreros de la palabra. Una soledad donde esa mujer fundida en cristal andino, maíz azteca y canción maya, cuya ternura hilada en el corazón de Dios el poeta la transforma en rebeldía, herencia ineludible de los antiguos y nuevos subversivos. El poeta del sur, en ese empeño orfebre y minuciosos, convierte a la mujer en camino, en canto, en grito sedicioso de todo un pueblo listo a luchar contra el monstruo que consume la libertad de los pueblos. Y lo hace a riesgo de morir en una noche desnuda: Escribir poemas es la táctica de Chucho Peña con la cual asumir el papel histórico de la liberación.

¿Y si el monstruo es ciego? Entonces hay que asumir la tarea de crear ojos, oídos, olfatos, sensibilidades y tácticas para que ese mostruo encuentre el camino. Esa construcción la sume Chucho Peña con furia, con gritos altaneros, con banderas rojas y, claro, con los guerrilleros clandestinos que surcan las montañas, valles y playas que habitan en sus poemas.

Esta es la poesía útil, la que no le es indiferente la situación opresiva de los pueblos. LLANTO DE INVIERNO, de Chucho Peña, es esa poesía que anunciaba Czoslab Milosz, esa que nunca, nunca jamás dejará indiferente a nadie.

ARTURO PRADO LIMA
Madrid, abril de 2015

OJOS DE GUERRA

Clandestinos ojos de guerra
imágenes parcas sin alma
en el umbral de un campo santo
donde suspiran los huesos de los muertos

Detrás de los muros quebrados
se ocultan soldados sin palabras
afilan en la soledad su amargura
Abrazando casi besando su fusil

Ojos ocultos en el corazón de la guerra
que se encharcan antes de la batalla
mordiendo el dolor de un pueblo

Todo se perdió

La dignidad de la historia
la libertad del viento
la virginidad de la selva
la ternura de la mujer
la ingenuidad del niño
la imprudencia del sol
la paciencia de la luna
la lengua de la paz
la gloria del orgullo
la memoria del perdón
la libertad del idiota
la dignidad de la muerte
los derechos al luto
los sonidos de la libertad
la verdad de la derrota
la memoria de lo que se perdió
el orgullo de un amor
que se humilló para vivir

Palabra
La guerra asesino
El orgullo de un amor
Que se humillo para vivir

El nombre del hombre
que disparó sin comprender
la desnudez de la palabra
camuflada en cada bando
en el sosiego del campo
que renunció a ser verde

La guerra lapidó
el sosiego del niño que se dobló
como una mueca torturada

El recreo del infante detrás de una trinchera
Que lo busca una bala perdida
en la escuela que el general cerró para ser cuartel

La guerra dilapidó una pierna
de un labriego que se quedó
en una mina de polvo de oro
que ahora es campo de batalla

La devoción de la mujer
que veló sus embrujos en el combate
con la pluma del poeta que se convirtió en fusil

Noche de luto

La noche solloza sus muertos
en el silencio sombrío del dolor
se arropa la luna, detrás una lágrima
en un costado de la montaña
que ya se había vestido de luto

El frío de la muerte hostiga el alma
descalza el miedo cautivo
libera la pena de lo perdido
con las coplas del céfiro

La bronca se cuaja en el corazón
florece por quienes agonizaron
alimenta el veterano rencor
azabache como una raza
fecundada por el miedo

CRUZADA POR LA PAZ

Los pueblos buscan la orilla de la guerra
asilados en la perpetua amargura del miedo
la zozobra asegura por dentro los ojos
como una escarcha negra en el corazón del sol

Agoniza el sosiego de la guerra
la muerte forastera se esconde
dispone en los ejidos afligidos
tupe los ojos el invierno lóbrego

Talvez el monstruo desnudo de la guerra
deje de propagar desafueros de Dios
y el rocío del aurora no sea de sangre

ELLOS

Combaten todos los días
velan su risa en una trinchera
gota a gota la vida va agonizando
la furia mata la música de las palabras

La guerra no tiene tregua en invierno
juega a las escondidas con la muerte
se embriaga con la sangre de los hombres
su aliento azabache sabe a muerte
malgastada por la fuerza descomedida del odio

Los rostros se borran en la batalla
se nutren de la venganza del odio
en las entrañas de la fosa
llora un fusil antes de matar

En La Guerra

El alma cae por pedazos
sangrando los ojos del sol
se viste de andrajos la luna en la noche
se cubre con las alas tristes de todos los días

Afligidas letanías cantan en los cielos
mezcladas con los indiferentes vientos
sumergidos en la trinchera de la muerte
donde solo habitan los cuervos

Abominables seres infernales
danzan desnudos en las fosas envejecidas
Alimentados con la miseria de los hombres

24

MUJER

Tejida en filigrana de oro y plata
hilada en el corazón de Dios
trenzando el cariño y el coraje
que endulza los caminos
de los nuevos y antiguos rebeldes

Tu nombre es la risa de la libertad
el himno de la revolución
en los oscuros montes sometidos
ruborizado con la sangre de tus hijos

Tu nombre marcha en una bandera roja
como un paisaje comunista
que desde el vientre de una trinchera
rompe cadenas coloniales
con la pasión de mujer enamorada

Parca

Anida la parca en cada batalla
descalzando los espantos de la guerra
inapelables temores de los hombres
madrigal azabache en la sombra
en el fatal crepúsculo muerto

Atormentados rostros cantan
melodías rojas antes de partir
para acariciar caminos en otra vida
sin anhelos de restauración

Cesó la horrible noche enrojecida
agoniza el anhelo de un pueblo
en las balas asesinas de los hombres
que renunciaron a la libertad
y mueren en el silencio de la guerra

Nostalgia

Sentirás nostalgia de patria en mis versos
que medio siglo de guerra esculpieron
venganzas cuajadas en el corazón del monte
amantando con odio los hijos de la tierra

Verás que la pausa dramática de la selva
anuncia muerte y desolación sin recelo
enmarañando en el tártaro del edén
en el valle del camposanto

Verás que aún sacude el corazón del pueblo
la trinchera verde que la guerra quemó
y dejó la esperanza desvestida y bañada
en el lomo de una montaña enrojecida

Descanso

La guerra se acuesta de un lado del campo santo
se apagan los fusiles que amparaba la vida
y encienden las ráfagas que someten

Se duerme la guerra contando muertos
arrullando tormentos sin ilusiones
detrás de una trinchera negra

Descansa la guerra bajo la montaña
ocultándose de las personas
que los generales prostituyeron

Sombra

La guerra estampilla las sombras
del horizonte lúgubre de las trincheras
huerto de guerra que cortan las flores
y desparraman manantiales de pólvora

Lenguaje sin palabras
que abrasa el rencor y el dolor
muerde como un guijarro afilado
la vida que apenas comienza

La guerra deja un tatuaje indeleble
en el cuerpo desnudo de los pueblos
divagan como sombras trastornadas
disipadas y sin esperanzas
soslayada en campos santos

Mujer

Fundida en el cristal andino
maíz azteca y canción maya
que cantan con los dioses
a través de la brisa de los incas
que sustenta el cóndor

Mujer
llantos de Dios en los ojos del hombre
suspiros del corazón de la pachamama
que preña todos los días amor y ternura
donde se amamantan los nuevos mortales

Mujer
que llora el éxodo de sus hijos
cada vez que germinan ideas rebeldes
en los retoños de tu corazón
que buscan libertad

Avidez

Habita la oscuridad de la guerra
en majaderas palabras que armonizan
y se zarandea en todos los ritmos

En los forasteros ejidos de batalla
se atesora la desgracia ávida
de pueblos que caminan descalzos
con una corriente andina

La guerra tortura la libertad de los hombres
eclipsa los sueños del águila y el cóndor
que fueron encausados a vivir
clandestinos en su propio collado

Los Pacificadores

Es tiempo de limar el ruido
de empinar la palabra
de dibujar con el verbo
paisajes de esperanza

Pero hay generales y coroneles
que se embrujan con el ruido
que conquistan y venden fusiles
que calcinan la palabra
que se engordan con el fruto
de la sangre, de la guerra

Es hora de blasfemar las diferencias
que el verbo inspire la boca del pueblo
que desvista la miseria de los humildes
que la guerra dejó morir de hambre

Es hora de partir la lengua de la guerra
de zanjar las leyes clandestinas de la muerte
de dejar de dormir con los ojos abiertos
es hora de que todos hablemos

Quimera

Enjaularon la guerra en el corazón de la muerte
en el látigo cansado de Dios se sienta la injusticia
exhibiendo su cuerpo como una ramera
encandilada
impasible y muda, convidándose al mejor postor

La guerra abortó manojos de odios
dispersó enjambres de quimeras
en ahogadas mentes humanas
que no saben cuándo ni dónde
dejaron de ser los que fueron
para ser mercenarios a crédito

La guerra fecundó nuevos hijos
espantados con nuevos miedos
incrustados en el alma
que se tupe antes de matar

Origen

Se disipó en el yermo de la guerra
Nadie lloró porque ninguno lo sepultó
solo el viento onduló una roja bandera
que los torbellinos fascistas calcinaron

Agonizó buscando su rancho con su pueblo
en los corredores de la morada que saquearon
la noche que quemaron su casa acongojaron sus
sueños
convirtiendo la zozobra en bronca la bronca en
armas negras,
y las armas en guerra

Agonizó deformado por la guerra
con la dignidad y el orgullo en un fusil
así aprendió a custodiar su propia soberanía
sustentando el aliento de la inquebrantable reyerta

Falsos positivos

La ciudad descompuesta
dejó desfilar en su cielo
palomas que no supieron anidar
ni orando, ni maldiciendo a los dioses

Pintan milicias falsos colores
los difuntos siguen siendo los mismos
los burgueses legalizan la guerra
para sustentar el sueldo del coronel

Se manchan palomas en banderas blancas
desembarazando al Ministro
para que sea visible la crónica
que devora la esperanza de la paz

Gamas

Colores de muerte matizan la guerra
sin fondo, sin ojos y sin arboles
pájaros negros con ojos de fuego
demonios escondidos en un general

Se entrega la vida en lenguas de fuego
diosas egoístas en la zozobra del amor
flecha que surca el aliento del alma
sin miedo, sin piedad y sin nostalgia

Guerra que inventa la vida a su semejanza
excursión de sangre en sarcófagos negros
mogotes de flores dilatados en huertos santos
donde ladra el ávido viento y ciego

Fantasmas

Gotas de fuego desgarran la muerte
conmueve el corazón de los fantasmas
de los trozos pequeños de muertos
que no pueden encontrar la paz

Mezquinos alaridos de piedad
buscaron a Dios perdido
reclaman caridad y consuelo
ruegan amor y no de matrona
de justicia aunque sea divina

Devotas voces rebeldes
rezongan en su celda
rasgan con sus uñas los barrotes
rompiendo su última esperanza

Bronca

Desvanecimos la bronca por la paz y futuro
tejiendo la nostalgia en las redes de la historia
acopiamos presagios que no queríamos concebir
suspendemos leyendas en el semblante del futuro

Espiraron en la batalla antes que los matara el
hambre
ocultaron los nombres para no extinguirse
reconociendo que la muerte es el azote de Dios
de déspotas que envejecen en el poder

Una tarde empezamos a subir a la montaña
saldaron las humillaciones y los pisoteos
empezamos a descubrir la libertad
y cultivar nuestra propia revolución

Abuelo

El abuelo tupe su boca seca
descalza los tristes ojos de su alma
salvaguardan su corazón de estrella

Sustrae sus cansados oídos
estruja sus dientes
para no desvestir la verdad

El abuelo canta en los crepúsculos
en su vieja mecedora que ya no mese
porque ya consumó su saldo

El abuelo ya no despabila melancolía
espoleo el odio de su alma dorada
con el sol de una paloma blanca

TRÁNSITO

La guerra como una piedra
soberbia, muda y terca
camina, navega y escala
escuetamente existiendo
sin conciencia y sin alma

La guerra es ciega como la justica
carece de recuerdo en la historia
es retorcida por naturaleza
desvergonzada como el sol

La guerra es defunción
desmantela el cielo y la tierra
disuelve la aflicción en la tristeza
el soplo de la vida se va en un suspiro
en los cementerios que crecen olvidados

Trinchera

La guerra vela los días y las noches
tortura la lengua de los pueblos
quebrando la esperanza de la libertad
de las almas que murieron antes de nacer

La guerra esconde la verdad
tortura la esperanza
despabila la parca

La guerra vulnera el candor
del concierto nativo de la selva
Inventa tumbas en las trincheras
para que no se pierdan los muertos

Trasegar

Los ojos del sol tupen sus parpados
la cara de la luna se pinta de negro
la chispa de la existencia se ahoga
en el acantilado de la muerte
afinando la valija de la vida

El retrato se raya para siempre
las pupilas del cielo se recogen en el olvido
la tristeza deja de vagabundear desnuda
en los surcos nocturnos esparcidos en llanto

Cuando la sonrisa se abra en el cielo
atizando vanidosamente el sendero de la vida
que de estoicismo al paso de la muerte
en el trémulo trasegar de la existencia

La paz

Por abrigar su tierra ganaron al cielo
donde no había nada que sembrar
sin agros minados, ni piernas derrotadas
con sueños anonadados por la guerra

Ya no son pobres ni vagabundos
el resfrío y la fiebre no se reconocen
las alboradas y las noches
tienen idéntico color
como después de la guerra

Todo es un ignoto paisaje
taciturno, sigiloso y encandilado
sin resentimientos ni cicatrices
que recuerden la guerra

La guerra

Calcina el corazón de los pueblos
cautiva la sabia de los hilos del alma
acobarda los sueños de los niños
manchando los días en la aurora

La guerra
se esconde como arma no convencional
inventa hombres con forma de niños
forma niños con odio de hombres
que no saben por qué matan

La guerra
concibe partos sin corazón
héroes sin patria
fecunda odios nuevos
en hombres viejos
que mueren para vivir

Fosa

Solloza la guerra cebando sus muertos
sin nombre, sin cruz y sin duelo
en el clandestino huerto santo
en la falda de la montaña

La guerra achica los ojos para no espantarse
engendró desalmados hombres
de fuego y de piedra podrida
forjados en volcanes de miseria
nutridos en la parca de la noche

La guerra reposa en su trinchera
sumerge su deshumanizada alma
en la fosa común de los olvidados
para advertir el llanto de Dios
en el corazón de los niños

Llanto

Chispa de colores verdes
juguetean en los ojos de una paloma blanca
detrás de la afligida batalla nocturna
bajo el cielo oscuro colmado de muerte
atormentando la angustia de los niños

Es triste morar en la incertidumbre
con los ojos abatidos que no saben qué decir
cuando mercan los sueños de los humildes
se quejan los niños henchidos de dudas
Después de todo
el alma se purifica en cada lágrima de sangre

Se vierten las madres por los hijos perdidos
como una magdalena en un campo santo
o como una torcaza en su nido vacío
donde huyen las palomas blancas
que se hicieron buitres por hambre y poder

Enconos

Parpadeo sosegado de la vida
que muere en el soplo de la guerra
sin dolor y sin tristeza

Fantasía extendida
en dientes afilados
arrancados de enconos de guerra
como almas ensombrecidas

El canto rojo de una paloma blanca
suspira su muerte en la espina de una rosa
disipando la inocencia de la rebelión
que murió en otras pestes

69

Llanto del cielo

La guerra mató con los ojos cerrados
desfigura los horizontes nativos
encoge la vida de los mortales
extiende el titubeo de los días
fractura el corazón de los ancianos

Palidece la mueca del sol
oculta en las murallas del miedo
cubiertas con las sombras de su dolor
encubriendo el oro de sus ojos
que la tierra atesora con recelo

La guerra ahogó la voz del labriego
que contaban cuentos a los niños
entonces el cielo llora cada vez que puede
en silencio con pausa, como si le diera pena
mojar al soldado que agoniza en la guerra que no
es suya

Ausentes

Los desaparecidos
se van desdibujando
en los ojos secos
que los otoños van dejando
en los recuerdos del sol

Desaparecido y des-asombrado
naufraga su cuerpo
en la mar desconocida
ausente de sombras y suspiro
traicionado por los dioses y su cielo

Los desaparecidos inventan guardias
caminan sonámbulos en su angustia
acogen tempestades negras en su alma
desatan inaccesibles ideologías
que dejan eternas cicatrices

Ruptura

Cuando llegaron, el ruido dejó de ser mudo
los pájaros escondieron el ritmo de su música
las mariposas se negaron a bailar con el viento
el sosiego se veló en una madriguera
y se recogió para siempre el arcoíris

Cuando llegaron
el búho dejó de ser el único centinela
no alumbraron los ojos de los cocuyos
ni tampoco los hilos de la luna
debieron apedrearse los caminos
para cargar los zapatos militares

Cuando ellos llegaron
vislumbramos el miedo de los hombres
el lenguaje de las armas de fuego
desfigurando los humildes pueblos
que cantaban canciones
de lluvia y sol antes de la guerra

Sueños Muertos

Sueños amarrados en campos de la guerra
heridos con el filo de un fusil
con los ojos francos para mirar
sin piedad, sin luto, y sin alma

Sueños que volaron en campos minados
como gaviotas sin alas y sin playas
con hijos asustados buscando nidos
bajo las alas doradas de Dios
que no saben de qué lado están

Sueños cansados de soñar en años muertos
de regar la tierra con su propia sangre
como un ritual de guerra que no purifica

Grito

Sosiega tu cuerpo en los imaginarios
en el grito sedicioso de tu pueblo herido
en la canción clandestina de una bandera roja
que ondula con la vieja voz y el nuevo martillo

Brillan los ojos de Bolívar en los pueblos libres
el eco de tu voz deambula en el camino del inca
tu imagen se dibuja como nuevo símbolo rebelde
donde no podemos echar atrás la libertad
marchada

Seguiremos tu ejemplo resguardando tu
pensamiento
escrito en los sueños del pueblo americano
invadido sólo para arrancarle hojas de oro
y hacernos una colonia más de miseria

América

Tu pasaporte rebelde es de luna y sol
la metáfora de Bolívar en el fusil del Che
la filosofía del viejo Marx en la voz de Chávez
el puño cerrado de una bandera colorada
donde el futuro sea de todos y no de pocos

La oscuridad quema el alma del rebelde
la postiza luz de un día que se duerme
desestima los cantos de todo un pueblo
con rodillas vencidas anhelando su líder

A orillas del día nadie calla tu muerte
el bullicioso silencio de la incertidumbre
peligrosamente derrota por pedazos la tristeza
de niños, hombres y mujeres que no dejan de
sollozar
ni tampoco de cerrar sus puños subversivos y
soberbios

Muerte de...

Mulatos, mestizos, criollos y pelirrojos
sollozan en silencio tu ausencia
canta el mortal andino
coplas nativas
que retoñan por pedazos

Solo el ojo del sol latino
baja sus parpados por instantes
consolando a los hijos del viento
que aprendieron a ser libres en la montaña

Pero hay nuevas trochas
para inventar nuevos caminos
con los clandestinos hombres
que conservan en su corazón
la dignidad de Chávez y Bolívar

83

Chávez

Con los labios estrujados
después de germinar el día
colmados de parca tristeza
en banderas rojas enlutadas
que ondulan injuriando la muerte
que calcinó el camino del rebelde

Desventura que azota los pueblos
cerrando los parpados azules
cielos que surcan las aves
feroces gritos revolucionarios
brotados en la desgracia de las aldeas
que se cansaron de esperar el milagro
que nunca llegó en la justa lucha

Como inventar un destino nuevo
etiquetar el camino socialista
con la firma de Marx, Lenin y el Che
y finalmente con el símbolo andino
heredado de la espada de Bolívar
que ahora navegan en nombre de Chávez

Bastardos

Se ostentan con la vista escarlata
con la querella cristalizada
en el corazón bárbaro
que se plasmó en la tortura

Hijos bastardos del pueblo
sosteniendo una patria forastera

Triturando la aldea
que agoniza en los caminos
abrigando sus derechos
asaltados todos los días

Ritual Muerto

Villas desvanecidas en la desgracia de los
hombres
que inventaron la guerra con la sangre de sus
hijos
después de quemar la dignidad de sus moradas
que reposan inclinadas en los pueblos solitarios

Todo se hizo polvo frente a los cañones
rituales de guerra sin corazón y sin alma
forjaron guerras porque que se cerraron los
caminos

Tiñen rostros de colores oscuros
extiende sus garras como un indomable lacerado
en el paraje más sombrío de la noche
que no concluye cuando el día intenta nacer

Parca

Hay que condensar los dientes con espanto
hay que tupir los ojos para no ver el dolor
hay que hacer silencio para sentir el mal

La muerte cabalga sin aura y sin aliento
sombría con rostro que siembra dolor
abismo negro que muerde el alma

Hay que morir en una noche desnuda
hay que vagabundear sin dormir
hay que envejecer para morir pronto

A: Evert Acosta

Sus ojos se apagaron arañando el polvo
de la calle que todos los días lo vio desfilar
nadie vio nada, fueron sordos y mudos
solo la muerte cantó su victoria

Cobardes mercenarios callejeros
hijos bastardos de generales torcidos
abortados en los sueños de Hitler
en el vientre del infierno

Multitud de ojos rodearon el despojo
espantados, apenados y desconcertados
no descansaba el cuerpo en el frío camino
solo cuando la tarde abrazó el día
el cuerpo fue besado y llorado por su madre

Eric Hurtado

Cuando lo encontramos
la risa se había muerto
los ojos ya no estaban
los pies ya no tenían dedos
la mar se tragó sus sueños

Tu cuerpo muerto abandonó su alma
esa tarde en que el mar se atrancó
flores negras surgían del horizonte
en las playas frías de la muerte
hondos dolores sacuden la vida

Tus huellas nadan en los ríos
en la arcilla seca de la historia
se grabó el canto de libertad
que junto a un fusil se apagó

Juego

Muertos libertinos de las colinas
furtivo como un fantasma en el alba
no siente ni suspira la tortura
murió en la infancia de la vida

Difuntos que lapidaron sus nombres
sepultados sin cruz y sin sudario
vanidosos abandonaron su vida
por la soberanía de sus aldeas

Difuntos que habitan la historia
que ensortijan como sueños
y juegan con el viento de la tarde
esperando que el pueblo juegue

En la celda

La celda se llena de música en silencio
el murmullo se queja de la tristeza
canta el eco de una lágrima
solo en otra alma muerta

Nace la risa del sol
en los suspiros de la noche
que ensombrece siempre mi alma
haciendo impíos los días y las noches
que no tienen alfa ni omega

Mis pensamientos divagan en el filo de un barrote
camina sonámbula la libertad en el frío patio
iracunda como una fiera herida
amarrada a sus memorias

Después de la visita

Da miedo volver a la celda
acopiarse de nuevo en la noche
dejarse contar con el bastón de acero
a las cinco de la tarde se muere la vida

Vuela un cuerpo en un metro enrejado
los verdugos ríen apaleando los barrotes
bombardea mis oídos el llanto de la celda
la piedad se hace silencio en todos los cuartos

Se derrama el llanto del ocaso en mi corazón
relámpagos de luz artificial hilan mis ojos
cortejando la muralla que se acuesta conmigo

Detención

En un crepúsculo sedicioso cortaron mis alas
eslabones de aceros amarraron mis dedos
después de magullar mi cuerpo
con bastones y botas hecho puño
un hoyo oscuro agotó la primera noche
donde la parca vestida de verde departía conmigo

Cuando la puerta se abrió, la libertad no apareció
enmascarados rostros cubrieron mis ojos
en una carroza fúnebre recorría noche
como si buscaran un campo santo
para abandonar mi cuerpo
que parecía no querer morir

Cuando la venda de mis ojos se fue
ya estaba en la nueva celda
el cuerpo desgarrado se había rendido
alguien asistía mis heridas con agua fría
después el silencio, el eterno silencio
que habitó seis meses

En La Celda

Rodean mis manos los barrotes fríos
sostiene el delgado peso del mortal
que tiembla de frío en primavera
y se quejan los hierros cuando se agrietan

Deja que los ojos vuelen al otro lado del muro
como un fantasma recogiendo lo que dejó
al otro lado de la ventana de hierro
que no deja pasar las alas del sol

La celda es de acero pardo
es mausoleo para vivos
la parca nace en la sombra
como prostituta embarazada
a mitad de la expedición
con formas de mujer marchita

Oscuridad

Cuando el sol abría los ojos, la celda todavía
estaba oscura
como una tumba abandonada con un muerto vivo
demolido sin dolientes y sin mortaja
anclado como un río ciego

La canción de todos los días vuelve a sonar
cercenada, torturada por dentro
la celdas frías abren sus puertas
el día muere sin germinar

El agua fría tortura los cuerpos
como escarcha cubre el alma
avisando que todavía vives
como un volcán sin fuego

Tiempo

El día pasa despacio sin savia y sin hálito
frívolos recuerdos tejen hipocondrías de muerte
agazapadas de rabias en los barrotes negros
ilusiones que volaron y se perdieron en un suspiro

La misma música triste tortura el llanto de la celda
tal vez sonría en mis ojos de nuevo la esperanza
y en las travesías de un lerdo día de estos
ilumine por fin las puertas de la libertad
y en el jardín arruinado retoñe mi corazón

El viento entra y sale de mi celda
aúllan los barrotes cansados de cuidar
extiende su manto la noche trémula
las rejas se eliminan, liberan a la imaginación

Voz

Brama la voz de una campana
significa que la mitad del día acabó
una hilera larga y torcida se estira
desde el umbral del frío comedor
saltan como críos para llegar de primeros

Cereal, masato y frijoles mal cocidos
ahuyentan el hambre
que regresa con cien de ají y de aceite
mientras se murmura en silencio de lo que no
pasó

La misma sorda campana que los unió los separa
vuelve cada uno a estacionarse donde siempre
vuelve a caminar donde siempre
a leer el libro de siempre
a pensar en la libertad de siempre

Tarde

Sucumbe la tarde tras de las rejas
el balcón del cielo cierra sus ojos
arrullan los barrotes el viento frío
lastimeros rayos de luz de luna
enjuagan el rincón de mi celda

Frente pálida, ojos cansados y labios secos
descansan en una cama de mármol blanco
centinelas de ojos dulces aclaran la noche
como luciérnagas enamoradas

El pétalo de una rosa vuela con esplendor
ilumina por momentos la mente eterna
engalanando un segundo de la eterna noche
todo en torno a mí florece oscuro
el tiempo de mañana muere hoy

Llanto del alma

En la celda uno ve como llora el alma
cuando muere sin morir
conozco todas las formas de la soledad
la mueca de la tristeza agujerea el alma

En la celda uno ve la miseria del hombre
la serenidad perdida de la parca desnuda
al pie de la cama como un guardián más

En la celda uno ve la ausencia de Dios
fantasmas que no fueron liberados
llantos de niños que nunca nacieron
el frío del infierno en las noches
la ternura de Dios el domingo a las cinco

Piedra

La furia revolucionaria me hace grande
nada detiene mis gritos altaneros
piedra que rompe el cristal del bus
canción altanera armada de ideas

Hombres tiernos desfilan en las calles
con una bandera roja llena de sueños
arrullada por el viento que canta
como un guerrillero clandestino
surcando las montañas

Con alegres pasos desafiantes
armados hasta los dientes
de ideas rojas cubanas
ejemplos vivos de libertad
inspirada en la miseria de sus pueblos

Sueño

Todavía habla la utopía
tatuaje rojo en América
empiezan a despertar
los veteranos pueblos
en futuros disparejos

Gloria subversiva del sur
esculpida en el cielo
con sangre atávica

Insertos los hombres
edifican sueños
que antes nos depilaron

Desaparecidos

Empezaron a volar sin despedirse
en los ojos tupidos de la guerra
en carteles y pancartas
se solloza su ausencia

Sombrías lágrimas caen del cielo
entretejen en la cara del día
veteranas esperanzas rotas

Gritos angustiosos resisten
aterrados por el mundo
del conflicto escondido
que consumen la libertad
de los pueblos andinos

JESUS ARMANDO PEÑA CORAL
(CHUCHOPEÑA)

Nació en la Ciudad de Pasto. Nariño Colombia,
Poeta Narrador y Dramaturgo, Magister en Etnoliteratura
Licenciado en Arte Dramático de la Universidad del Valle.
Técnico en Diseño Gráfico.
HA DIRIGIDO: Taller tinta Universidad Mariana, Taller de Escritores del magisterio de Nariño. Director y Fundador de la Fundación Alturas Teatro. Director de la Revista Amauta de SIMANA. Director de la Revista Canto y Greda N0- 11, Director escuela del carnaval, HA PUBLICADO LOS LIBROS: Borrascas, Poemas 1999, Hilando Versos, Poemas 2003, Trocha de Versos, Poemas 2007, Piel de Luna, Poemas 2010 Carnaval de Piel y Papel, Poemas 2012, El Pintor de Mariposas y otros Cuentos 2012, Alma de Papel, Poemas 2013, Versos gitanos 2013, Llanto de invierno 2015, Mariposas Andinas 2017, En Día Muere Temprano, Novela. Ha sido incluido en las siguientes antologías: Antología de Poetas y Narradores de Nariñenses (2003). Antología de Poetas en Homenaje a Aurelio Arturo. Fue columnista del periódico AL DÍA. Sus escritos aparecen en Periódicos y Revistas a nivel nacional e internación, Fue docente de diferentes instituciones educativas en artes y literatura.